Michael Thanhoffer

alles Gute!

Zündende Geschenke für Feten und Feste

Illustrationen:
Christoph Kersten

Ökotopia Verlag Münster

Für Elfi und Clemens.
Ich danke allen lieben Freundinnen und Freunden!

Impressum

Autor:
Michael Thanhoffer

Illustrationen,Umschlaggestaltung und Layout:
Christoph Kersten

Druck:
Druckwerkstatt Hafen GmbH, Münster

Dieses Buch wurde auf säurefreiem, alterungsbeständigem Papier gedruckt. Es ist chlorfrei gebleicht. Im Bleichprozeß wird statt Chlor Wasserstoffperoxid eingesetzt. Dadurch entstehen keine hochtoxischen CKW (Chlorkohlenwasserstoff)-haltigen Abwässer

CIP - Titelaufnahme der Deutschen Bibliothek

Thanhoffer, Michael:
Alles Gute: zündende Geschenke für Feten und Feste / Michael Thanhoffer. -Münster: Ökotopia-Verl., 1992
(Spiel-und-Spass-Ratgeber; 1)
ISBN 3-925169-45-8
NE: GT

Inhaltsverzeichnis

Vorwort

Ich vermute, Sie sind eben ein wenig ratlos und unruhig, spüren aber auch schon Vorfreude auf ein kommendes Fest.

Hier finden Sie kreative Ideen, wie Sie - manchmal sogar „aus fast nichts“- Geschenke machen können, an denen man Ihre Herzlichkeit und Ihre Kreativität erkennen kann. Bei vielen Ideen wird das mitgebrachte Geschenk mit einigen Gästen erst am Fest vollendet. Gemeinsame Aktion entsteht. Mag sein, daß Sie etwas Lampenfieber spüren, aber das gehört dazu -wie bei einem Feuer, wenn man beim Anzünden darauf wartet, daß die Flammen größer werden.

Schenken Sie mehr Erlebnis als Verpackung!

Viele der folgenden Ideen sind Überraschend einfach und gewährleisten auch nach vielen Wiederholungen noch den Reiz des Neuen und das Gefühl der Einmaligkeit.

Auf Grund einfacher Anleitungen entzünden Sie Stimmung und Aktion, durch die sich fremde wie befreundete Gäste in bunte, neugierige Schmetterlinge verwandeln können. Am Tag danach werden Sie sich mit wohligen Gefühlen daran zurückerinnern und davon erzählen.

In allen Ideen finden Sie genügend Spielraum, Ihren persönlichen Stil präsentieren zu können.

Ich wünsche Ihnen viel Spaß bei Lektüre, Vorbereitung und Fest!

Alles Gute!

Der Zaubertrunk

Joe: „Wir bringen diesmal keinen Sekt mit,sondern eine Bowle“.

Lisa: „Ja - aber - eine Bowle kann man schlecht transportieren. Außerdem ist das genauso gewöhnlich wie Sekt.“

Joe: „Mir ist da etwas eingefallen: Wir machen aber noch etwas Besonderes aus dieser Bowle! Wir machen einen Zaubertrunk. Einen Jungbrunnen. Schließlich ist er ja schon 35.Wir mixen mit allen Gästen gemeinsam einen Zaubertrunk. Die Ingredienzen dafür bereiten wir zu Hause vor. Dann suchen wir uns viele verschiedene, kleine und große, vor allem aber lustige Fläschchen, in die wir alles einfüllen. Diese Flaschen und Fläschchen können wir gut verschließen und zum Fest transportieren. Auf jedes Fläschchen binden wir ein Kärtchen mit einem mystischen oder verrückten Titel. Auf dem Kärtchen steht der Name des Saftes, der in der Flasche ist: z.B. Nektar vom vierblättrigen Glücksklee, Neujahrsschweinchenschweiß, strahlender Sonnentau, Harz vom gesunden Eichenstamm,..“

Lisa: „Die Kärtchen könnten wir auch schön gestalten, so richtig zum Anlaß passend. An wieviel Fläschchen denkst Du denn?“

Joe: „10 oder 12 wären ganz gut.“

Lisa: „Und wo wird dann alles zusammengemischt?“
Joe: „Wir nehmen einen großen Bowlekrug mit, in den wird alles zusammengegossen.“

Lisa: „Aha. Das ist der Zauberkessel. Na, den könnte ich mit einem Tuch noch ein wenig „hexenlike" machen."

Joe: „Dann brauchen wir auch noch einige Blatt Papier und Kugelschreiber. Wenn das Fest schon etwas fortgeschritten ist, tragen wir die Fläschchen und Flaschen zu den Gästen und stellen ihnen alles vor, lesen die Namen der Kärtchen vor und erzählen ihnen, daß wir für das Mixen eines Zaubertrunkes ihre „magische Unterstützung" brauchen. Damit er seine Wirkung entfalten kann, muß zu jedem einzelnen Saft ein eigener Zauberspruch erfunden werden."

Lisa: „Oder einen Zaubersatz. Weil jeder kann doch nicht reimen. Ich zum Beispiel."

Joe: „Na, Du wirst schon sehen, was alles in Dir steckt, wenn Du nur

einmal in Stimmung bist! Also ein Spruch, ein paar Sätze oder Gedanken. Jedenfalls sollen sich dann einige Gäste zusammentun und sich eines der Fläschchen auswählen, das sie antörnt, und dazu etwas zusammenschreiben, was sie später vorlesen können: den Text passend zum Namen des Saftes."

Lisa: „Ich mach' das vielleicht doch lieber alleine. Die anderen stören mich nur. Wie lange habe ich denn dann Zeit zum Nachdenken und Schreiben?"

Joe: „Solange Du möchtest. Eine Viertelstunde wird sicher reichen. Wenn alle fertig sind, kommt jeder ‚Zaubergeselle' und liest den Spruch oder den Text vor. Dabei leert er den Inhalt des Fläschchens in den ‚Zauberkessel'."

Lisa: „Dazu müßte ja fast das Licht abgedreht werden oder es dürften nur Kerzen brennen ..."

Joe: „Hoffentlich applaudieren die Zuhörer! Nach der letzten Flasche wird umgerührt, in die Gläser verteilt und angestoßen."

Lisa: „Ich bin schon total gespannt darauf! Aber eines ist mir noch unklar. Eine Bowle muß doch ziehen!"

Joe: „Ja. Wir setzen die Früchte in einem Teil des Weines an. Der Sekt und das Mineralwasser bleiben überhaupt gleich in den Originalflaschen. Die erhalten nur einen neuen Namen."

Lisa: „Das wird super!!! Komm, gehen wir rasch einkaufen! Nein. Halt! Noch etwas.Ich habe noch eine Idee dazu, da ist noch etwas drinnen!"
Joe: „Schieß los."

Lisa: „Alle Texte und Sprüche werden von den „Dichtern" gut leserlich geschrieben. Dann kleben wir die Kärtchen mit den Namen der Zaubersäfte gemeinsam mit den entsprechenden Texten in das Gästebuch oder in einen großen Bilderrahmen. Für sein Büro oder so.“

Vorbereitung

Sie bereiten eine Bowle vor, die aber erst vor den Gästen fertig gemischt wird. Sämtliche Ingredienzen füllen Sie in mehrere kleine und große Fläschchen. Dafür sammeln sie Flaschen in verschiedenen Formen und Größen. Einige Flaschen sollten eher groß sein und eine große Öffnung haben. Einige können sehr kleine Fläschchen sein. Je einzigartiger und lustiger, um so besser und um so phantasieanregender! Sekt und Mineralwasser bleiben in den Originalflaschen, damit die Kohlensäure nicht entweicht. Den Großteil der Früchte setzen Sie einen Tag vorher mit einem Teil des Weines an. Der Ansatz und alle übrigen Bestandteile der Bowle werden kurz vor dem Fest in die vorbereiteten Fläschchen gefüllt.
Sie bereiten für jedes Fläschchen und jede Flasche ein kleines Kärtchen vor, auf das Sie einen von

Ihnen erfundenen, phantasievollen Titel schreiben: Vierblättriger Glückskleenektar, Glücksschweinchenschweiß, Sonnenstrahlentau, Milch der frommen Denkungsart, Kernholzharz, indianische Liebestropfen, Glückszahlensalatblütenhonig, Aqua vitale, usw. Die Kärtchen binden Sie so an den Flaschen fest, daß sie Flaschen aus einer „Zauberküche" gleichen.
Für die Aktion mit den Gästen benötigen Sie noch eine große Schüssel als Zauberkessel, in dem die Bowle als Zaubertrunk zubereitet wird, und einige Blatt Papier zum Aufschreiben der kleinen Texte.

Aktion

Für die Aktion stellen Sie den „Zauberkessel" und alle Flaschen mit den Kärtchen auf einem kleinen Tisch zusammen. Sie tragen den Tisch zu den Gästen und erklären kurz Geschichte und Aktion. Jeder Tisch, mehrere Gäste gemeinsam oder auch Einzelpersonen wählen sich eines der Fläschchen aus, nehmen es zu sich und schreiben auf das bereitgelegte Blatt Papier einen kleinen Spruch, einen kurzen Text, einige Gedanken oder eine Wortspielerei, die auf den Titel des Fläschchens Bezug nehmen.Alle Texte werden vorgelesen und die Fläschchen in den „Zauberkessel" geleert. Umrühren - anstoßen - genießen!

Material:

Bowle
Bowleschüssel oder kleiner Kessel
verschiedene kleine und große, lustige Fläschchen
Papierkärtchen
Geschenkbänder
Papier
Kugelschreiber

Eine Kiste einzigartigen Festweins

Charly: „Zum Wohl! Nachträglich noch alles Gute zu Deinem Dreißigsten."

François: „Danke. Ist ja leider schon eine Weile her. Aber der Alltag ist nun einmal nicht aufzuhalten."

Charly: „Ich wäre wirklich gerne zu Deinem Fest gekommen. Da war ja sicherlich viel los!"

François: „War gar nicht so wild, aber um so interessanter. Besonders die Aktion mit den zwei Kisten Weißburgunder Kabinett."

Charly: „Weißburgunder Kabinett? Laß hören."

François: „Zwei Kisten und zwei Flaschen extra. Aber nur eine Flasche war noch ganz original."

Charly: „Ein Faschingsscherz von den anderen - zu Deinem Geburtstag?"

François: „Nicht ganz. Paß auf, das war so: Einige hatten sich zusammengetan und gemeinsam diese Kisten Wein gekauft. Wirklich vom Feinsten. 26 Flaschen. Alle die gleichen. Und dann war irgendeiner auf die Idee gekommen, daraus eine Aktion bei meinem Fest zu machen, indem sie die Etiketten von den Flaschen ablösten."

Charly: „Eine Spielerei in der Badewanne. 26 Weinetiketten ablösen!"

François: „Wahrscheinlich. Jedenfalls ließen sie nur eine Flasche so, wie sie sie gekauft hatten. Auf eine zweite Flasche klebten sie ein selbstgeschriebenes Etikett mit einem Phantasienamen für den Wein. Und dazu schrieben sie noch in blumigen Worten, welchen Charakter und welche Wirkungen dieser edle Tropfen haben soll."

Charly: „Hoffnungsperle vom Zukunftshang? 1968er Spätlese?"

François: „Genau so! In diesem Stil lief das."

Charly: „Da hab ich mir ja etwas entgehen lassen!"

François: „Geht aber noch weiter. Sie überreichen mir also diese beiden Flaschen Wein, den originalen und den - sagen wir - originellen. Dann bringen sie die beiden Kisten mit den restlichen 24 Flaschen herein und erklären charmant, daß alle Anwesenden eingeladen sind, auch ein neues Flaschenetikett nach dem Vorbild des eben gezeigten zu erfinden."

Charly: „Und die anderen Gäste haben das gemacht?"

François: „Einige blitzartig und mit großem Hallo, die restlichen haben erst eine Weile zugesehen, wie das gehen soll und ob da keine Finte dabei ist. Aber dann waren sie auch stark bei der Sache. Es war wirklich erstaunlich, welche verborgenen Talente bei einigen zum Vorschein gekommen sind. Denen hätte ich das nie zugetraut."

Charly: „Das ist aber auch eine verrückte Situation."

François: „Zum Abschluß hat dann jeder Tisch seine soeben kreierten Weine vorgestellt und angepriesen. Jetzt liegen die Flaschen noch immer bei mir im Wohnzimmer, weil ich es zu schade finde, sie in den Keller zu legen. Dort sieht sie ja doch niemand."

Charly: „Ich möchte sie auch unbedingt sehen."

François: „Na komm doch einen Sprung vorbei!"

Charly: „Okay."

Vorbereitung

Sie kaufen mehrere Flaschen des gleichen Weines. Sie legen die Flaschen einige Zeit ins Wasser, damit sich die Etiketten ablösen lassen. Nur auf einer Flasche lassen Sie das Originaletikett kleben. Auf einem Klebeetikett zeichnen oder schreiben Sie ein neues „Namenskärtchen" für die erste von den Flaschen, die keine Etiketten mehr haben. Dabei können Sie Ihre Glückwünsche, Wünsche für die Zukunft oder auch lustige Anspielungen „einarbeiten".

Alle anderen Flaschen lassen sie ohne Etikett. Entsprechend der Anzahl der noch unbeschrifteten Flaschen bereiten Sie Klebeetiketten, Papier und Filzstifte vor.

Aktion

Auf dem Fest überreichen Sie vor allen Gästen nur zwei Flaschen, die Originalflasche und die von Ihnen gestaltete Flasche. Sie laden die anderen Gäste ein, Ihrem Beispiel zu folgen und ebenfalls neue Etiketten für die Weinflaschen zu erfinden. Die Beschriftung kann Weinname, Festdatum, Assoziationen, Wirkung des Weines, Charakter des Weines oder des Beschenkten, Situationen, in denen er getrunken werden sollte etc. beinhalten. Wer mitmachen will, erhält eine Weinflasche, Etikett, Papier und Stift.
Als Höhepunkt überreichen die Gäste die von ihnen neu beschrifteten Flaschen, und der Beschenkte liest die Texte auf den Etiketten vor.

Bemerkung

Bei manchen originellen und phantasieanregenden Weinnamen wie Kaiserwein, Saurüssel, Goldene Rose, etc. können sie statt die Etiketten abzulösen, diese mit neutralen Klebeetiketten überkleben. Nur der Weinname bleibt sichtbar und wird durch eigene Worte oder Zeichnungen ergänzt.
Statt Klebeetiketten können Sie auch gewöhnliches Papier verwenden, das mit Klebstoff auf die Flaschen geklebt wird.

Material:

originale Flaschenweine einer Sorte
große Klebeettiketten
Filzstifte
Papier
evtl.Klebstoff

Gäste-Rap for today´s Happ´

Falc.: „Irgendetwas.“

Clin.: „Wild. Mutig. Fetzig.“

Falc.: „Skurril. Total komisch.“

Clin.: „Der totale Moment. Urspontan.“

Falc.: „Ohne Zusammenhang. Aber im Zeitgeist. Die Philosophie im Trend spüren. Besser als jedes Geschenk. Ich hasse Geschenke, die man abstauben müßte.“

Clin.: „Sie müssen sich einlassen. Die anderen Gäste. Sie wissen nicht, worauf, aber sie machen mit. Sie geben, was ihnen einfällt.“

Falc.: „Mut zur Lücke. Feeling statt Production. Die beste Musik entsteht von selbst.“

Clin.: „Laute Malerei. Lautmalerei. Leute lauten mal. Erlauten Sie. Erlauben Sie mal. Alles ist erlaubt.“

Falc.: „Her mit Ihrer Tonspende! Das Band läuft schon ab. Los gehts. Aufnahme. Ihr Vorgänger war

Ihr Vorsänger. Sie schließen nahtlos daran an. Wir machen hier den Gäste-Rap für Today's Happ'. Die Festfanfare von dazumal wär' heut' schon eine große Qual.“

Clin.: „Sie haben 10 Sekunden Zeit- sind Sie soweit? Ich drück' auf des Recorders rote Taste. Sie geben alle Laute her, die ihnen passen,sind alle Leute da, werden dann wir den Festfanfare-Gäste-Rap, sie alle hören lassen.“

Falc.: „Ihre Laute, Ihre Töne, Ihr Gesang:
nonstop, non break, ganz ohne Unterbrechung
aufgenommen auf das MC-Band.
Das ist DIE Fanfare für das happy Fest.
Die Startidee.“

Clin.: „Der Opener.“

Falc.: „Jeder Gast macht mit.“

Clin.: „Nur 10 Sekunden lang.“

Falc.: „Ganz ohne Noten. Ohne Text.“

Clin.: „Das gibt es heute nur auf dieser Welt. Kein Dirigent. Kein Profistar.Nur Sie. Und Du. Und Ich. Wie's uns zum Abend jetzt gefällt.“

Falc.: „Hej Du! Hat nicht Mozart gestern so seinen letzten Opernrap gemacht?“

Vorbereitung

Sie bereiten einen Casettenrecorder mit Mikrophon oder Diktaphon und eine Leercasette vor. Eventuell schreiben Sie ein kleines Ankündigungsplakat, das Sie neben dem Recorder aufstellen/aufhängen.

Sie besprechen mit den Gastgebern einen geeigneten Platz, der möglichst in der Nähe des Eingangs liegt. Sie sind als einer der ersten dort und bauen das Gerät auf.

Aktion

Sie singen, sprechen, machen irgendeine Art von Tönen und Geräuschen auf die Casette. Dieser „Beitrag“ soll nicht länger als 10 Sekunden sein. Dann drücken Sie auf die Pausentaste. Die zweite Aufnahme soll möglichst lückenlos an die erste anschließen. So entsteht der Eindruck eines einzigen, ganzen Musikstücks.

Sie sprechen andere Personen an und ersuchen sie um eine kurze „Geräuschspende“: „Schenken Sie uns einige spontane und festliche Töne. Das soll ihr persönlicher Beitrag zur gesungenen Festfanfare werden! Eine einzigartige Weltur- und Alleinaufführung!

Zur offiziellen Festeröffnung, bei einer kurzen Rede, dem Start zum Buffet oder einem anderen wichtigen Moment im Fest wird die gesamte Aufnahme vorgespielt.

Bemerkung

Auf Festen, zu denen die Gäste neugierig und gut eingestimmt hinkommen, kann diese Aktion als erster Impuls gewissermaßen die „akustische Eintrittskarte" sein. Zehn Sekunden, spontan, wie jeder möchte und kann, anonym, sofort.

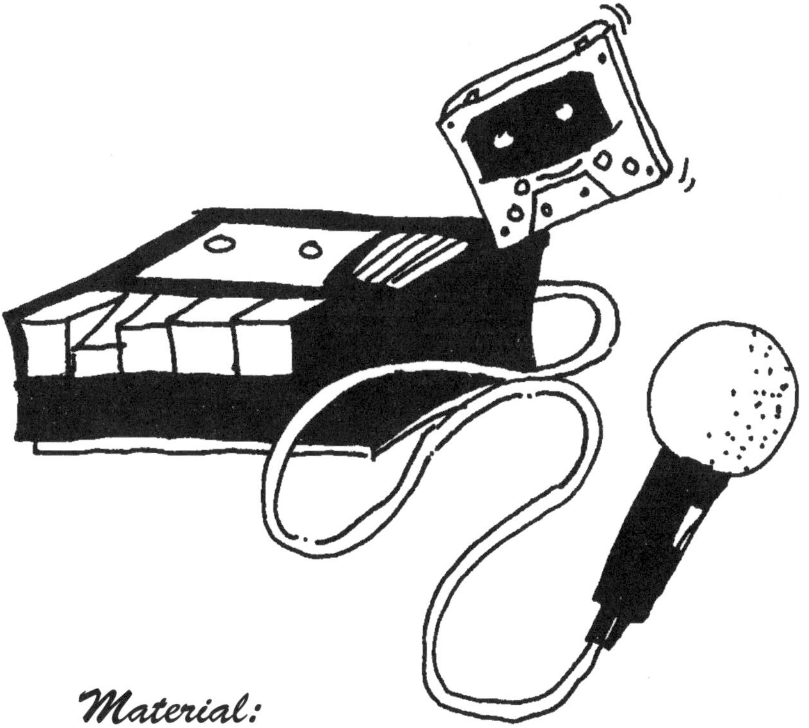

Material:

Casettenrecorder mit Mikrophon oder Diktaphon
Leercasette
evtl.selbst geschriebenes Miniplakat

Gewinne für alle Gäste!

„Einer für alle“

Brieflose sind bekannte, einfache, nette, kleine Spannungbringer bis zu dem Augenblick, in dem man sieht, man hat ... gewonnen! Aber leider gewinnt nicht jedes Los!

Auf einem Fest soll sich jeder als Gewinner fühlen können. Und lustiger kann es noch werden, wenn die Lose viele verschiedene Gewinne beinhalten.

Sie machen also Ihre eigene Brieflosaktion und für jeden ein Brieflos mit Gewinn!

Vorbereitung

Aus einem Blatt Papier in der Größe DIN A4 und quer verwendet erhalten Sie vier Streifen. Zuerst falten Sie das Blatt, dann zerschneiden Sie es in die vier Streifen.
Ein Los entsteht aus einem Streifen, der zu vier kleinen Feldern zusammengefaltet wird, in die Sie die folgenden Feldtexte einfügen können:

Feld 1: Gratulation
Beispiele:
Hallo! Ich gratuliere!
Gratulation! Gratulation!
Für Dich alles Gute!

Feld 2: Begründung der folgenden Idee
Beispiele:
Nach dem Motto: „Wer viele Jahre trägt, muß seine Schultern lockern!"
Nach dem Motto „Besser einmal verwöhnt als kein Mal!"
Nach dem Motto „Ich les´ Dir den kleinsten Wunsch von Deinen Lippen ab!"

Feld 3: „Du hast gewonnen!"
Beispiele:
.... hast Du jetzt gewonnen ...
... erhältst Du als Gewinn ...
.... bist Du der Gewinner ...

Feld 4: Was ist der Gewinn?
Beispiele:
Eine Minute Schulternklopfen und Kneten.
Ein Getränk nach Deinem Wunsch, das ich Dir serviere.
einmaliger Botendienst: Sag etwas, ich hol es Dir!

Der Text der Lose sieht dann so aus:

Hallo! Ich gratuliere!
Nach dem Motto: „Wer viele Jahre trägt, muß seine Schultern lockern!“
... hast Du jetzt gewonnen ...
Eine Minute Schulternklopfen und Kneten.

Gratulation! Gratulation!
Nach dem Motto „Besser einmal verwöhnt als kein Mal!“
.. erhältst Du als Gewinn ...
Ein Getränk nach Deinem Wunsch, das ich Dir serviere.

Für Dich alles Gute!
Nach dem Motto „Ich lese Dir den kleinsten Wunsch von Deinen Lippen ab!“
.. bist Du der Gewinner ...
eines Botendienstes: Du wünscht - ich hole es Dir!

Bereiten Sie so viele Brieflose vor, wie Gäste zu Ihrer Fete kommen könnten. Für die Gewinne überlegen Sie sich verschiedene Kleinigkeiten, entweder Dinge oder kleine, persönliche Tätigkeiten, Handlungen, die Sie mit wenig Aufwand durchführen können. Die verklebten Lose legen Sie in eine nettes Körbchen.

Material

Papier
Stift
Schere
Klebstoff oder
Klebeband

Aktion

Sie bringen das Körbchen mit den Brieflosen in den Kreis der Gäste und laden jeden ein, sich ein Los zu ziehen. Der Gast öffnet das Los und liest es vor. Dann erfüllen Sie den vorgelesenen Gewinn.

Bemerkung

Diese Geschenk- und Aktionsidee eignet sich besonders gut für Feste, bei denen die Gäste viele Geschenke mitbringen. Mit dem Losgewinn wird auch der zum Beschenkten, der ein Geschenk gebracht hat.

Die schnelle Brieflotterie

„alle für alle“

Wie Brieflose selbst hergestellt werden können, haben Sie schon im vorangegangenen Beispiel gesehen.
Wenn Sie alle Gäste noch mehr in Schwung bringen wollen und alle gleichzeitig aktiv sein sollen, dann geht das mit Brieflosen so:

Vorbereitung

Sie bereiten so viele Brieflose vor, wie Gäste kommen werden.
Das Feld Nr.1 beschriften Sie fertig: „Ich gratuliere Dir!“

In das zweite Feld schreiben Sie „Nach dem Motto“ und lassen den Platz darunter frei.

Ins dritte Feld schreiben Sie „hast Du von“ und „gewonnen“. Dazwischen lassen Sie eine Zeile frei zum späteren Einsetzen eines Namens.

Das vierte Feld bleibt vollständig frei.

Zum Ausfüllen der Brieflose brauchen Sie für jeden Gast einen Kugelschreiber und etwas Klebstreifen, um die ausgefüllten Lose verschließen zu können.

Aktion

Jeder Gast erhält eines der vorbereiteten Brieflose und überlegt sich eine lustige oder angenehme Kleinigkeit, die er als Gewinn einem anderen „schenken“ könnte und möchte. Dann schreibt er den Gewinn in das vierte Feld seines Briefloses. Wie er auf seine Idee gekommen ist, schreibt er in das Motto-Feld. Seinen Namen setzt er in das dritte Feld. Er faltet das Los zusammen und verklebt es an den Rändern. Das fertige Los versieht er noch mit einem kleinen Zeichen, damit er es später nicht selbst zieht.
Die verschlossenen Brieflose werden in einer Schale gesammelt. Wer noch sitzt, steht auf, und alle versammeln sich um die Schale mit den Brieflosen. Jeder zieht ein Los, aber nicht sein eigenes.
Die Lose werden geöffnet und die Gewinne sofort eingelöst.
Natürlich muß man sich etwas absprechen, weil jeder Gast sowohl einen Gewinn gezogen als auch einen Gewinn auf ein Los geschrieben und damit angeboten hat. Jetzt ist jeder sowohl Gewinner als auch „Gewinn-geber“.

Material

Papier
Stift
Schere
Klebstoff
oder Klebeband

Torten - live

„... also ich komme gerne zu Deinem Fest. Und Zeit habe ich auch. Du - kann ich etwas mitbringen?"
„Naja."
„Hast Du schon jemanden, der eine Torte mitbringt? - Noch nicht? Gut dann übernehme ich das. Ist fix! Bringe ich für alle mit. Laß Dich überraschen. Ich hab da eine Idee. Jedenfalls bringe ich die Torte für alle mit."
„Ist ja wirklich fein, daß Du Dir das antust. Danke!"
„Also dann bis demnächst ... Tschüß!"

Aufgelegt.

Das wird die tollste Geburtstagstorte, die Wolfgang jemals bekommen hat!Der Clou der ganzen Sache: Ich habe nicht einmal viel Arbeit damit.Die Tortenböden kaufe ich und die Dinge zum Verzieren auch. Alles andere machen wir dort am Fest. Live!
Ich kaufe Tortenböden, Smarties, Schokostreusel, bunten Streusel, Nußkerne, ungefüllte Waffelblätter (mit denen könnte man Figuren auf den Torten bauen), etwas Obst, Bananen, Mandarinen, Kiwi, Erdbeeren, Trauben. Marzipan wäre auch ganz gut.

Etwas werde ich doch selbst kochen: Die Tortencreme. Eine riesige Menge weißer und kakaobrauner Tortencreme.
Wie war denn das damals auf dem Fest, als ich zum erstenmal selber „Torten - live" miterlebt hatte?
Wir saßen an Tischen und das Essen war herrlich gewesen und schon vorüber. Mir war aufgefallen, daß es keine Mehlspeisen gab. Und ich liebe Süßigkeiten so sehr! Nach dem Essen hörte ich eine Frau sagen: „Und jetzt kommen die Torten! - Aber es ist noch eine Kleinigkeit an ihnen zu machen ..."
Dann trugen sie zu zweit einen Tisch herein. Er war richtig beladen mit leeren (!) Tortenböden, kleinen Schüsseln mit Tortencreme, allerlei Köstlichkeiten zum Verzieren, Garnierspritzen, einigen Messern und vielen Servietten.

Da war nicht mehr viel Erklärung nötig: Die Gäste an jedem Tisch nahmen sich einen Tortenboden und alles, womit sie ihre Torte verzieren wollten. In kürzester Zeit war eine überaus geschäftige, lustige und freudige Stimmung zu spüren. An einem der Tische saßen nur Männer. Niemand von ihnen hatte je eine Torte verziert. Aber jetzt waren sie mit voller Begeisterung dabei.
Es dauerte vielleicht eine Viertelstunde, bis alle fertig waren. Dann stellte jeder Tisch „SEINE“ Torte vor, zeigte sie allen und vor allem dem gefeierten Paar. Alle waren sehr überrascht, ich auch, und jede Torte bzw. die Tortenkünstler bekamen tosenden Applaus. Ich erinnere mich noch genau, wie schließlich die fertigen Torten auf dem Tisch beisammenstanden. Sie waren phantasievoll und keine war einer anderen ähnlich.
Nachdem die „Kameraleute“ alles festgehalten hatten, konnte sich endlich jeder ein Stück nehmen. Noch den halben Abend lang waren die Torten Gesprächsthema.

Vorbereitung

Mehrere, eher kleine Torten, ein ganzes Backblech oder auch nur eine einzige große Torte wird gemeinsam verziert, bestaunt und genüßlich verzehrt.

Sie backen eine Torte nach Ihrem Lieblingsrezept. Soll es rasch und einfach gehen, kaufen Sie in der Konditorei oder im Supermarkt einen fertigen Tortenboden.
Nach Ihrem gewohnten Standardrezept mischen Sie eine Tortencreme. Eine Hälfte der Creme vermischen Sie mit genügend Kakao zu einer dunklen

Creme. Die anderen Kleinigkeiten zum Verzieren und das Obst kaufen Sie fertig ein.

Die Torten, die Zutaten zum Verzieren und das „Werkzeug" legen Sie attraktiv auf einem kleinen Tischchen in der Küche bereit.

Aktion

„Liebe Freundinnen und Freunde! Heute ist ein besonderes Fest und ein einmaliger Tag für mich. Ich freue mich, daß Ihr alle hier seid auf unserem gemeinsamen Fest. Und jetzt kommt etwas, das paßt genau zu uns: Hier wird alles hereingetragen, was wir brauchen, um für diesen Abend die passenden, die ganz einmaligen Torten zu kreieren. Ich würde mich ganz besonders freuen, wenn auch die Männer tatkräftig mittun würden! Wenn die Torten fertig sind, werden wir sie gebührend bewundern und genußvoll verspeisen. Los geht's!"

Material

Tortenböden, selbst gebacken oder gekauft
weiße Tortencreme
dunkle Tortencreme
Smarties
Schokostreusel
Oblaten
Obst zum Verzieren: Kiwi, Erdbeeren, Bananen, Weintrauen, Pfirsichscheiben, Marillen, Orangen, Mandarinen, verschiedene Beeren
Spritzsack oder Ganrnierspritze
einige Messer
Servietten

All Guests Cake

Der Belegschaftskuchen

„Herr Kollege! Darf ich Ihnen den Kuchen zur Unterschrift vorlegen?"

Vorbereitung

Sie wissen in etwa, wieviele Gäste kommen werden, und Sie haben es übernommen, für die Mehlspeisen zu sorgen. Sie gehen in eine Bäckerei oder Konditorei und bestellen ein ganzes Blech Kuchen! Er soll aus einer Kuchenmasse hergestellt sein, die sich gut zur Verzierung mit Creme eignet. Der Bäcker weiß sicher, wie groß der Kuchen für die vorgesehene Anzahl Personen sein muß.
Der Kuchen soll im Ganzen bleiben und rundum mit heller Tortencreme bestrichen sein.
Sie kaufen färbige Zuckermasse in (Verzier-)Tuben, fertige Schokosoße oder bereiten eine dunkle Tortencreme und eine Garnierspritze mit dünner Düse vor.

Aktion

Ziemlich zu Beginn des Festes, jedenfalls noch vor dem Höhepunkt, laden Sie jeden Festteilnehmer ein, sich auf dem Kuchen „zu unterschreiben". Je mehr Platz ist, um so leichter kann jeder noch spontane Ideen hinzufügen.

Zum geeigneten Zeitpunkt wird der Kuchen würdevoll und mit einigen passenden Worten dem Gastgeber übergeben. Dann steht dem gemeinsamen kulinarischen Genuß nichts mehr im Wege.

Material

Backblech mit Kuchen, bestrichen mit heller Tortencreme
dunkle Tortencreme in Garnierspritze oder Spritzbeutel oder
bunte Zuckermasse in Tuben

„Herr Kollege, Ich bitte um Ihr Autogramm!"

Bemerkung

Bei einem Betriebsfest können Sie mit dieser Aktion auch schon untertags, also vor Beginn des eigentlichen Festes beginnen. Dadurch gewinnen Sie eine Möglichkeit, auch diejenigen Personen ein wenig zu beteiligen, die nicht zum Fest kommen können. Am Tag nach dem Fest bekommen diese Personen dann auch noch ein Stück (des von ihnen unterschriebenen) Kuchens.

Die Jubiläumsscheibe

Laß die Jahresringe sprechen!

Die Jahresringe sind eines der schönsten natürlichen Symbole für die Jahre des Lebens, und die Baumscheibe ist einer der natürlichsten Kalender der Natur. Jeder Jahresring ist einem ganz bestimmten Jahr zuzuordnen.

Kleine Fähnchen können diejenigen Jahre markieren, in denen Wichtiges passiert ist: Fähnchen und Jahresringe dienen als lustiger Anstoß, in der selbst erlebten Geschichte zu stöbern!

Vorbereitung

Ganz besonders attraktiv ist eine echte Baumscheibe, mindestens 30 cm Durchmesser und rund 5 - 10 cm stark. Mit etwas Glück erhalten Sie eine Baumscheibe oder die Scheibe eines dicken Astes im örtlichen Gartenamt, das auch für den Schnitt der öffentlichen Bäume zuständig ist, in einer Baumschule oder bei einem Holzhändler. Die Baumscheibe oder Astscheibe säubern Sie gründlich.

Zu jedem fünften Jahresring schreiben Sie die entsprechende Jahreszahl, so daß man sich leichter orientieren kann.

Dann kaufen Sie ein Päckchen mit Schaschlikspießen und bereiten etwas Papier und Schreibzeug vor. Daraus werden die Fähnchen hergestellt. Da die Fähnchen später in die Holzplatte gesteckt werden sollen, benötigen Sie noch einen großen Nagel und einen Hammer, um kleine Steck-Löcher schlagen zu können.

Zum leichteren Start der Aktion fertigen Sie selbst zwei, drei Fähnchen aus Papier und Holzspieß an. Auf jedes Fähnchen schreiben Sie ein denkwürdiges,

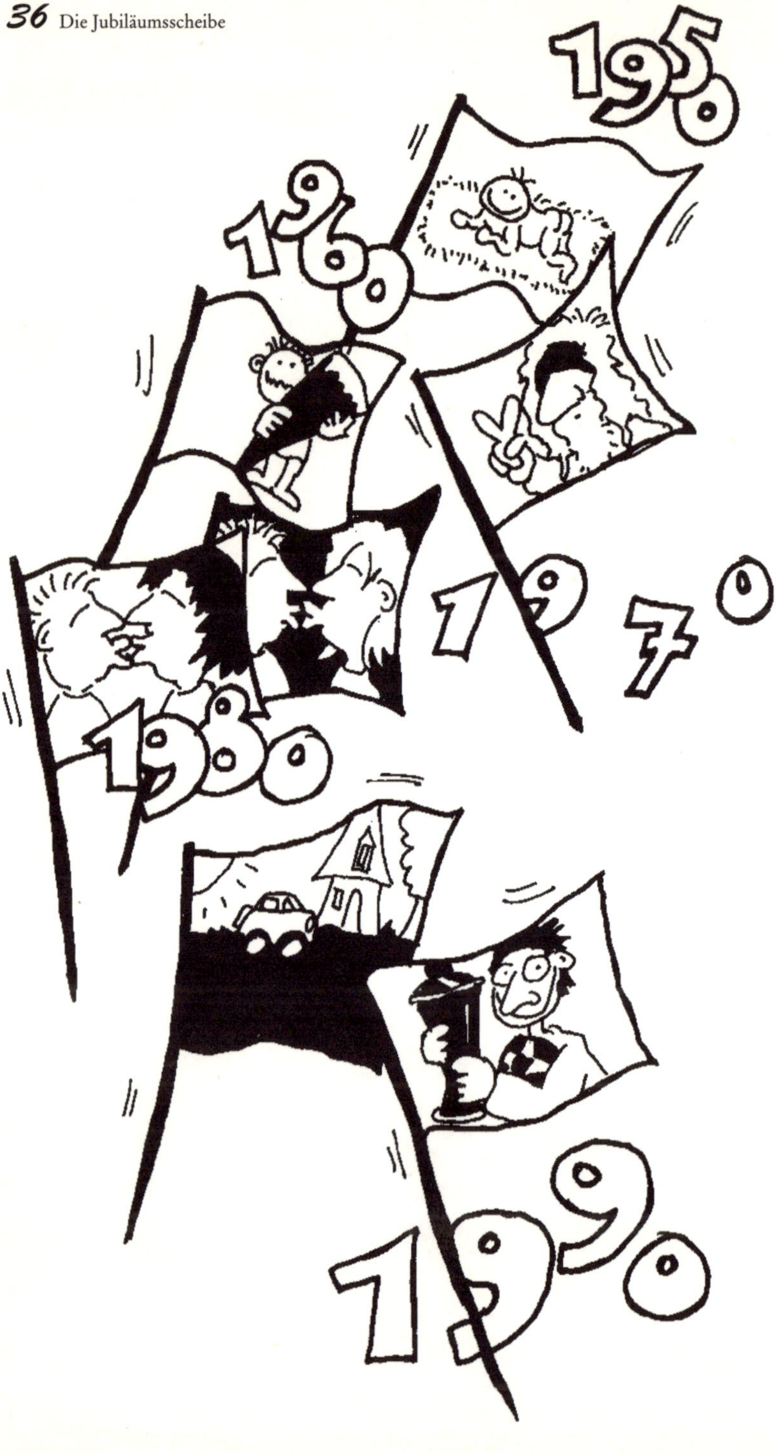
1950
1960
1970
1980
1990

wichtiges oder interessantes Jahr. Warum war dieses Jahr bedeutsam? War es Ihre erste Amerikareise, die Verlobung mit Conny, die Übersiedlung in die erste eigene Wohnung, der Olympiasieg der Nationalmannschaft, die zehnte LP der Beatles auf dem Markt?

Aktion

Die Holzscheibe wird an einem prominenten Platz placiert und gut beleuchtet. Daneben liegen alle notwendigen Utensilien. Sie laden jeden ein, selbst einige Fähnchen zu schreiben und beim entsprechenden Jahresring ein kleines Loch zu schlagen, um dort das Fähnchen hineinzustecken.

„Welches waren wichtige Jahre, Jahre mit persönlich einschneidenden Ereignissen für uns alle? Was war bei Euch los, als unser Festtagskind seine erste eigene Wohnung bezog? Ganz toll wäre auch, wenn jeder sein erstes Fähnchen in das Jahr stecken würde, als er ihn kennengelernt hat!"

Material

Eine Baumscheibe/Astscheibe, mindestens 5cm stark
ein Päckchen Schaschlikspieße
Papier und Schreibzeug
ein großer Nagel
Hammer

Zu Gast im Studio ist heute...

Wer hat sie nicht, die Fernsehsendungen oder Radiosendungen, die er häufig sieht oder hört? Allen von uns sind eine ganze Vielzahl von Sendungen vertraut, Sendungen über Sport, Politik, die Sex-Hotline, der Kinderfunk, Sendungen für die Hausfrau und viele andere mehr. In viele dieser Sendungen sind manchmal Gäste eingeladen, die von den Redakteuren interviewt werden.

Während der Fete werden Fernsehsendungen nachgespielt und das Festtagskind wird zum Gast in mehreren Sendungen. Ein origineller und kurzweiliger Videofilm entsteht mit den anwesenden Gästen. Improvisation mit wenigen Spielregeln!

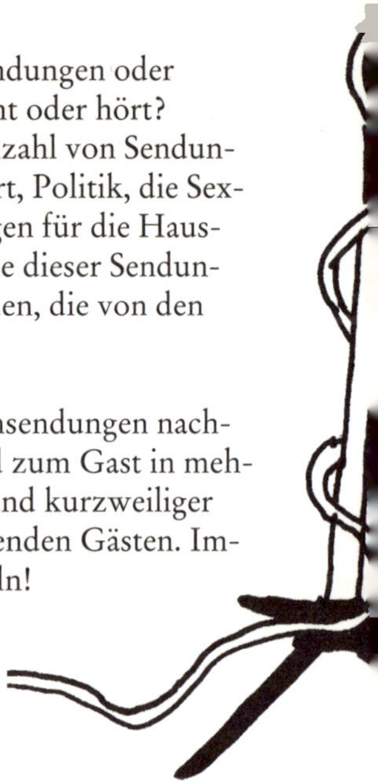

Vorbereitung

Sie schreiben mehrere „Studiokarten". Diese sind gewissermaßen die Tischkarte für die Sendung, weil Redakteure und Gast bei der Sendung hinter einem Tisch sitzen. Auf dem Tisch steht dann die „Studiokarte" und so sind alle informiert, welche Sendung eben läuft.
Sie wählen solche Sendungen aus, die Ihnen für die Gäste passend scheinen. Die Sendungen können sehr bunt gemischt sein. Viel Spaß entsteht bereits dadurch, daß jemand in einer Sendung zu Gast ist, in die er „gar nicht paßt".

Auf die „Studiokarten" könnten also Titel stehen wie

Sendung für den Landwirt
Mittagsjournal
Sex-Hotline
Sport
Werbespot einer Partei
Umweltsendung
Schulfunk
Radio Holiday

Aktion

„Liebe Freunde! Daß er - ER, wer denn sonst am heutigen Tag - mit seiner Kamera wunderschöne Aufnahmen von seinen Reisen mitbringt, wissen wir. Die meisten von uns haben diese tollen Aufnahmen schon gesehen. Aber heute soll alles ganz anders sein. Heute will ich IHN nicht hinter der Kamera, sondern vor der Kamera haben. Und dazu brauche ich Eure Unterstützung. Ich habe dazu einiges vorbereitet. Hier ist die Kamera mit dem Stativ, und hier sind die Studiokarten von einigen Sendungen. Ich brauche Euch alle als Redakteure! Je zwei von Euch spielen die Fernsehredakteure einer dieser Sendungen. Welche - das könnt Ihr Euch selbstverständlich auswählen. Und in JEDE der Fernsehsendungen kommt dann ER als Studiogast und wird von Euch ganz kurz interviewt.“

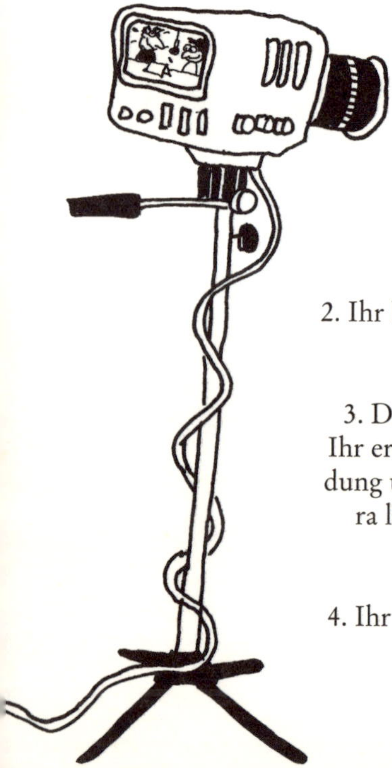

Eure Aufgabe ist also:

1. Jeder sucht sich ein bis zwei Partner, ihr zusammen seid das Redakteureteam einer Sendung und sucht Euch eine der Studiokarten aus.

2. Ihr bereitet für die Sendung zwei Fragen an den Studiogast vor.

3. Dieser Tisch hier wird das Studio sein. Ihr eröffnet mit einigen Worten Eure Sendung und begrüßt die Zuseher. Die Kamera läuft dabei, und alles wird aufgenommen.

4. Ihr begrüßt den Gast in Eurer Sendung.

5. Ihr stellt dem Studiogast die vorbereiteten Interviewfragen, und er wird Euch lustige oder ernste Antworten geben. Wir werden sehen, was kommt.

6. Ihr beendet die Sendung und verabschiedet Euch von den Zusehern. Die Sendung soll recht kurz sein, nur wenige Minuten, weil ja noch einige andere Sendungen nachfolgen.

Also es geht los! Wer gehört zu welchem Team und macht welche Sendung? Kurze Vorbereitung der Fragen. Dann ist Aufnahme. Alles Live!

Bemerkung

Dieses Erlebnisgeschenk eignet sich besonders gut für Videofans oder als „Beigabe" zu einer geschenkten Videoausrüstung, Videocasetten etc.
Die Aktion ist auch ohne Kamera ein aufregendes Erlebnis, es wird sogar noch spontaner, weil bei einigen Gästen das Lampenfieber, das die Kamera auslöst, wegfällt.
Durch die vielen Fragen und die spielerische Form paßt es besonders gut zu allen Einstandsfesten, Diplomfeten und Abschlußfesten.

Material

Videokamera mit Recorder
Stativ
Studiokarten aus Karton

Was mir an Dir gefällt ist gern' gesagt

Eine Festaktion mit vielen liebevollen und anerkennenden Gedanken für den gefeierten Menschen.
In der Form eines kleinen Kreuzworträtsels schreibt jeder einige Stichworte über die gefeierte Person auf und verschenkt diese Karte.

Vorbereitung

Sie bereiten eine Karte vor, indem Sie den Vornamen der gefeierten Person in großen Buchstaben so aufschreiben, daß die Buchstaben wie bei einem Kreuzworträtsel „senkrecht", also untereinander geschrieben sind. Schreiben Sie die Buchstaben recht groß und ungefähr in die Mitte der Karte. Die Größe der Karte sollte zwischen DIN A5 („Schulheftgröße") und DIN A6 („Normkouvert") liegen. Dieses Original lassen Sie in einem Copy-Shop genügend oft auf dünnen Karton („120 Gramm-Karton") kopieren. Bunte Kartonfarbe kann zusätzliche Abwechslung bringen.

Aktion

„Lieber Wolfgang! Da ja heute Dein Festtag ist, haben wir uns etwas sowohl Ausgefallenes als auch Persönliches einfallen lassen. Für Dich als Kreuzworträtselfan werden wir jeder ein „Mini-Kreuzwort", aber kein „Rätsel" ausfüllen. Jeder möge sich jetzt eine dieser Karten nehmen. Auf jeder Karte steht Dein Vorname. Für uns bist Du manchmal ja

auch etwas rätselhaft und wir werden ein Stück Deines Rätsels lüften. Zu jedem Buchstaben werden wir ein Wort oder auch einen Satz schreiben, was uns an Dir gefällt, irgendeine Kleinigkeit, etwas, das Du hast, oder einen Charakterzug von Dir oder eine Vorliebe. Diese Karten schenken wir Dir dann. Vielleicht errätst Du auch, von wem welches Kreuzwort verfaßt worden ist.
Und Du hast es sogar schriftlich, was wir an Dir so mögen.

Material

Zeichenkartonkärtchen
DIN A5 oder DIN A6
Schreibzeug

*Ein Bauch-
laden voll aus
seinem Leben
gegriffen*

Darf ich vorstellen...

Bei meinem 40.Geburtstagsfest wurde ich von meinem Freund Toni allen anderen Gästen so vorgestellt:
Toni hatte sich ein Serviertablett als Bauchladen genommen und darauf eine Handvoll Kleinigkeiten gelegt. Es waren verschiedene Dinge, die er zu Hause ausgesucht und mitgebracht hatte. Vor den Gästen erzählte er, welche symbolische Bedeutung jedes Einzelne davon hatte. Dabei zeigte er die einzelnen Gegenstände vor.

Vorbereitung

Sie nützen einen Zeitpunkt, in dem Sie in guter Stimmung, locker, aber vielleicht auch etwas „aufgedreht“, angenehm aufgeregt sind. Zur Einstimmung paßt auch ein Campari-Soda ganz gut... Dann denken Sie an die Person, die Sie mit Ihrer Aktion beschenken wollen. Sie kennen sie bestimmt recht gut, sie ist Ihnen vertraut. Stellen Sie sich vor, wie sie ihrer Arbeit nachgeht, Freizeit und Urlaub erlebt, über wichtige Dinge spricht, mit verschiedenen Freunden Kontakt hat.
Sie lassen Ihren Blick durch die Wohnung schweifen. Vielleicht gehen Sie auch durch verschiedene Räume, öffnen einen Schrank oder schauen in verschiedene Laden. Sie begeben sich auf eine Art Suchexpedition. Ihr Vorhaben ist, kleine Gegenstände zu sammeln,

die Ihnen passend erscheinen, etwas über die gefeierte Person auszusagen. Bei dieser Suche werden Sie auf zwei Arten interessanter Dinge stoßen: Erstens werden Sie Dinge finden, die für diese Person eine bestimmte Bedeutung haben, z.B.einen Autoschlüssel, weil sie gerne Auto fährt.
Sie werden aber auch solche Dinge finden, die „so ähnlich sind wie etwas von dieser Person“. Das könnte beispielsweise eine Streichholzschachtel sein: Mit den Streichhölzern könnten Sie ein Merkmal der Person verdeutlichen und erzählen, „daß sie in ihrer Arbeit viele Gespräche führen muß. Mit Ihr kann man wunderbar reden. Manche Menschen fühlen sich danach, als wäre ihnen ein Licht aufgegangen.“

Bei Ihrer Suchexpedition sammeln Sie am besten erst einmal recht viele solcher Dinge ein, die Ihnen als passend auffallen. Wenn Sie eine ansehnliche Sammlung beisammen haben, dann (und erst dann!) wählen Sie die interessantesten oder lustigen Dinge aus, aber nicht mehr als 10 - 15 Stück. Außer den gesammelten Gegenständen brauchen Sie noch einen improvisierten Bauchladen. Dazu eignet sich ein Servierbrett, oder Sie nehmen einen Verpackungskarton und schneiden die Seitenwände so weit ab, daß nur noch

10 - 15 cm Rand stehen bleibt. Die Seitenwände verkleiden Sie noch mit Buntpapier, Geschenkpapier oder einem kleinen Tischtuch. Falls Ihr Lampenfieber zu groß werden sollte, schreiben Sie sich einige Stichworte zu jedem Gegenstand auf einem kleinen Blatt Papier auf. Diese Stichwortliste legen Sie auf den Boden des Bauchladens. Bei der Präsentation wird niemand Ihre kleine Redehilfe entdecken.

Den Bauchladen mit den ausgesuchten Dingen halten Sie bis zur eigentlichen Aktion vor den anderen Gästen versteckt.

Aktion

„Liebe Freundinnen und liebe Freunde!
Ich habe mir gedacht, ich erzähle Euch ein wenig über unser Geburtstagskind, das ja heute einen runden Geburtstag feiert. Jeder von uns kennt Ihn natürlich, aber jeder kennt Ihn doch ein wenig anders. Einige kennen Ihn aus seiner Arbeit, andere kennen Ihn nur aus seiner Freizeit, manche kannten Ihn schon als Kind.

Ich habe mir einige Dinge zusammengesucht, um Euch anhand dieser Kleinigkeiten etwas über Ihn zu erzählen. Es ist fast wie eine kleine, sogar mit einem Bauchladen tragbare Ausstellung geworden. Ich spiele jetzt für Euch den Ausstellungsdirektor, der die einzelnen Objekte vorstellen und erklären wird. Also ich beginne, und hier das erste Stück, ... „

Stück für Stück stellen Sie die Gegenstände vor und erläutern ihre Bedeutung oder Symbolik.

Bemerkung

Das Schönste an diesem Geschenk ist die Auswahl der „Objekte“ und die liebevolle Erläuterung ihrer Bedeutung oder symbolischen Aussagekraft für den Beschenkten. Es ist für ihn wie für die Gäste ganz deutlich spürbar, daß Sie sich etwas haben einfallen lassen.
Wenn Sie noch ein materielles Geschenk damit verbinden wollen, könnten Sie solche Dinge auswählen, die Sie dann als Geschenk übergeben. Das könnten dann auch eine Anzahl kleiner Dinge sein, die Sie speziell dafür eingekauft haben.

Material

Bauchladen aus einem Servierbrett oder Verpackungskarton, Seitenwände auf 10 - 15 cm abgeschnitten, ausgelegt mit buntem Papier oder einem Tuch
10 - 15 ausgesuchte Gegenstände

Fähnchenwald im Blumenstock

Nieder mit den Glückwunsch-Karten!
Es leben hoch die Glückwunsch-Fähnchen!
Nicht die Karten in die Kouverts, sondern die Fähnchen in das Blumentöpfchen gesteckt!

Vorbereitung

Sie brauchen einen größeren oder mehrere kleine, niedrig gewachsene Blumenstöcke in Töpfen. Wenn Sie mehrere andere Personen in diese Aktion einbeziehen möchten, könnten Sie für jeden ein eigenes Blumentöpfchen vorsehen. Die Blumen oder Pflanzen sollten eher niedrig gewachsen sein, damit die Fähnchen auf den Schaschlikspießen nicht allzusehr von ihnen überragt werden.

Aktion

Die Holzspieße werden zu kleinen Fahnenstangen, auf die Sie kleine Papierfähnchen aufspießen. Einige Fähnchen beschriften sie bereits. So können sich die anderen an den fertigen Fähnchen ein Beispiel nehmen. Sie laden Gäste ein, Glückwünsche auf kleine Papierstücke zu schreiben. Die Papierstücke können verschiedene Formen von Fähnchen haben und werden auf die dünnen Holzspieße aufgespießt. Die fertigen Fahnen werden in die Blumentöpfe gesteckt.
Ob der Beschenkte alle Glückwünsche den anderen vorliest, hängt von der allgemeinen Stimmung ab.....

Bemerkung

„Fähnchenwald im Blumenstock“ eignet sich gut als Gechenk einer ganzen Familie, einer Freundesgruppe oder der Belegschaft eines Betriebes. Wenn alle Fähnchen bereits zu Hause beschrieben werden, entfällt die Aktion am Fest.Blumenstöcke und Glückwunschfähnchen erinnern noch wochenlang an das Fest. In jedem Fall sind die Fähnchen eine auffallende Abwechslung im Gästebuch. Dort wäre die „standesgemäße Endstation“ für die Fähnchen.

Material

Blumenstock, auch mehrere kleine Stöcke wie z.B.Kakteen, Usumbara-Veilchen, Tagetes, Zyklamen etc.
Schaschlikspieße
Papier und Schreibzeug

Barbara Hofhandl überlegte noch einen Augenblick, dann schrieb sie genau die Worte, die ihr vor 2 Minuten zuerst in den Sinn gekommen waren, auf das kleine, weiße Kärtchen.
Sie war aufgeregt und fühlte sich glücklich. Ihr Mut schien sich gelohnt zu haben.
Anfangs hatte sie nur eine Idee gehabt, diese dann auf einigen Spaziergängen mit Mika, ihrer Hündin, oft und oft durchdacht und ausgefeilt, bis sie schließlich einige alte Visitenkarten zur Hand genommen hatte, die als Notizblätter bei ihrem Telefon gelegen waren. Damals hatte sie zum ersten Mal versucht, ihre Gedanken zu Papier zu bringen.

„Wenn Claudio ein Spielzeug wär, wäre er ...“

Es hatte einige Versuche benötigt, bis sie zur endgültigen Form gefunden und deutlich gespürt hatte, wie der Satz formuliert sein mußte: „Wenn Claudio ein Urlaubsziel wäre, wäre er ...“ (Sie wäre gerne mit ihm in Urlaub gefahren, aber das war eine andere Geschichte.)In diesem Moment war ihr klar gewesen, in dieser Formulierung lies der Satz die vielfältigsten Möglichkeiten offen, ihn fortzusetzen, abzuschließen, die Worte anzufügen, die jeder eben sagen wollte: herzliche aber auch vielleicht nur freundliche Worte.Es ging ja nicht nur um sie selbst und Claudio, sondern um die vielen anderen auch, die zu dem Fest kamen. Ihr Plan war, mehr solcher Kärtchen vorzubereiten als Gäste dort zu erwarten waren. Der Satz sollte immer gleich formuliert sein, aber nur zwei oder drei Kärtchen würden dasselbe Hauptwort haben. Sie würde noch einige passende Worte suchen, z.B. Schmuckstück, Spielzeug, Mehlspeise,

Getränk usw. Ein passendes Kästchen wollte sie kaufen: In ihm würden die Kärtchen schließlich ihren Platz finden, nachdem jeder der Anwesenden, - außer jemand wollte partout nicht -, sich ein Kärtchen genommen und den Satz vervollständigt hatte. Sie hatte sich ausgemalt, wie jeder oder jedenfalls die meisten einzeln ihre Kärtchen vorlesen und dann Claudio überreichen würden. Er würde sie dann in das kleine Kistchen legen und sich sicher riesig freuen.
Das Murmeln nahm zu. Scheinbar waren alle Gäste fertig. Also kam jetzt der zweite große Moment. Und plötzlich hörte sie sich sagen:
„Ich freue mich, daß Ihr alle mitgemacht habt. Ich war doch ziemlich nervös vorher. Jetzt kann jeder sein Kärtchen vorlesen und Dir, Claudio, überreichen. Hier ist das Kästchen. Ich bin neugierig, wer als erster kommt!“
„Also ich habe“, er klang so sicher, als ob er das jeden Tag sagen würde, „das Kärtchen mit bekommen, das beginnt mit „Wenn Claudio ein Haus wäre, wäre er …“ und ich habe geschrieben: „wäre er ein gepflegtes Einfamilienhaus, in das man gerne auf Besuch gehen würde.“
Es paßte zu Claudio, was Thomas B. geschrieben hatte. Der Bann war gebrochen. Alle applaudierten.
„Wenn Claudio eine Fernsehsendung wäre, wäre er…“
Sie hörte die anderen ihre Kärtchen vorlesen. Sie war glücklich. Nicht nur sie.

Mit dieser Geschenk- und Aktionsidee können Sie selbst Feste mit sehr vielen Gästen in Schwung bringen. Jeder erhält ein Kärtchen mit einem angefangenen Satz, den er vervollständigt. Die Kärtchen werden dem Gefeierten überreicht.

Vorbereitung

Sie benötigen ein nettes, kleines Karton- oder Holzkistchen, wie man es in Geschenkboutiquen oder Papiergeschäften erhält. Es ist gefüllt mit Kärtchen aus Zeichenkarton oder unbedruckten Karteikarten, die ungefähr die Größe von Visitkarten haben. Sie brauchen etwas mehr Kärtchen als Sie Gäste am Fest erwarten. Legen Sie auch genügend Schreibzeug bereit. Nicht jeder hat einen Stift bei sich, und manche möchten vielleicht auf einem Stück Papier „ihre Gedanken ausprobieren“, bevor sie sie auf das Kärtchen schreiben.

Die Kärtchen werden von Ihnen mit verschiedenen unvollständigen Sätzen beschrieben. Bei der später folgenden Aktion wird jeder Gast den Satz auf einem Kärtchen vervollständigen. Die unvollständigen Sätze haben ein gemeinsames Muster, in dem nur das Hauptwort ausgewechselt wird. Der Satz lautet: „Wenn Claudio ein Spielzeug wäre, wäre er ...". Der Satz enthält immer den Namen des Gefeierten, aber immer ein anderes Hauptwort, einen anderen Begriff, mit dem diese Person in Zusammenhang gebracht wird. Dieser Begriff soll nach Möglichkeit nicht öfter als auf zwei Kärtchen vorkommen. Schreiben Sie den Satz so in den oberen Teil der Kärtchen, daß noch genug Platz für die Gäste bleibt, einige Worte als Vervollständigung dazuzuschreiben.

Hier einige Beispiel für Begriffe, die Sie auf den Kärtchen verwenden können:

... ein Beatles-Song ...
... ein Gemüse ...
... ein Buchtitel ...
... ein Möbelstück ...
... ein Schmuckstück ...
... ein Urlaubsziel ...
... eine Mehlspeise ...
... eine Kopfbedeckung ...
... ein Tapetenmuster ...
... ein Ministerium ...
... eine Sportart ...
... ein Tier ...
... eine Pflanze ...
... ein Reiseutensil ...
... ein Geschäft ...
... ein Ort in meinem Urlaubsland ...
... eine UNO-Resolution ...
... ein Stück im Garten ...
... ein Teil einer Show ...
... ein Märchen ...

... ein Festtag ...
... ein Spezialitätengeschäft ...
... ein Musikinstrument ...
... eine Musik ...

Aktion

In einer fortgeschrittenen Phase des Festes laden Sie alle Gäste ein, sich an einer gemeinsamen Geschenkaktion zu beteiligen.

„Liebe Freunde! In der Kunst gibt es viele Künstler, die das, was sie ausdrücken möchten, lieber symbolisch darstellen als direkt. Manches kann man ja auch gar nicht direkt darstellen. Sie würden Frühling als Blütenknospen darstellen. Andererseits kennt Ihr die alten Wappen, auf denen der Adler als Symbol der Stärke verwendet wird. Es gibt sehr verschiedene Adler und die Details der Adler und ihre unterschiedlichen Formen haben wieder eine bestimmte Bedeutung.

Das hat mich auf die Idee gebracht, in ähnlicher symbolischer aber gleichzeitig auch lustiger und moderner Weise unserem Gastgeber eine kleine, persönliche Aufmerksamkeit zu schenken. Wappen sind schon etwas aus der Mode, aber kleine Kärtchen

nicht. Auf diese kleinen Kärtchen sollte jeder etwas schreiben. Der Reiz liegt darin, daß auf jedem Kärtchen schon einige Worte stehen. Mit diesen angefangenen Sätzen könnt Ihr in lustiger und kreativer Weise ausdrücken, was Euch dazu einfällt. Das kann ein einzelnes Wort sein oder auch ein langer Satz. Wie es jedem gefällt, nur kein allzugroßer Leistungstreß!

Die Kärtchen werden wir ihm anschließend überreichen. Vielleicht wird er sie vorlesen, und er kann sie in diesem kleinen Kistchen sammeln. Er wird sicherlich Freude an unseren Einfällen haben und darüber schmunzeln, wie wir ihn erleben!“

Jeder Gast erhält ein Kärtchen, tauscht es eventuell gegen ein anderes aus, falls ihm der Begriff allzu schwierig erscheint, und schreibt ein Wort oder einen ganzen Satz als Vervollständigung des Begonnenen dazu. Wer möchte, unterschreibt auch. Sind alle fertig, werden die Kärtchen überreicht, vorgelesen und im Kistchen gesammelt.

Material:

Nettes, kleines Kistchen als Behälter für die Kärtchen
Genügend Kärtchen aus Karteikartenkarton, ungefähr in der Größe von Visitenkarten
Schreibmaterial

Das Feten-Loch-Buch

„Wer kam als erster zur Fete? Das waren doch Ralf und Beate. Nur wir zwei waren schon vorher da und haben alles vorbereitet."

Susi und Thomas blättern in einem Album, das außen wie ein Fotoalbum aussieht. Aber es sind nicht nur Fotos, die sich Susi und Thomas ansehen. Vor ihnen liegt ein einzigartiges Gästebuch, das sie speziell für diese Fete vorbereitet hatten. In jede Seite war ein Fenster geschnitten worden.

Vorbereitung

Sie nehmen aus einem Fotoalbum mit gewöhnlichen Kartonblättern zuerst die dünnen Zwischenblätter heraus und schneiden dann nach einem bestimmten Schema Fenster, „Löcher" in die Kartonblätter:
Blatt 1: Deckblatt, kein Fenster
Blatt 2: Erstes Fenster ungefähr in der Mitte des Blattes.
Blatt 3: Zweites Fenster, ungefähr doppelt so groß wie das erste Fenster.
Blatt 4: Drittes Fenster, noch größer als auf Blatt 3 und direkt anschließend an das Fenster von Blatt 3. Die folgenden Blätter nach demselben Prinzip.
Letztes Blatt: Grundblatt, kein Fenster. Die Umrisse aller Fenster sind mit Bleistiftlinien eingezeichnet.
Auf dem zweiten Blatt zeichnen Sie mit Bleistift ein kleines Fensterfeld, ca.4 x 6 cm, ein und schneiden es mit einem Cutter aus. Dann zeichnen Sie die Umrisse des ausgeschnittenen Feldes wieder mit Bleistift auf das nächste, also dritte Blatt ab. Sie legen beide Blätter aufeinander und fahren mit dem Bleistift den Rand des

ausgeschnittenen Feldes nach. So haben Sie die Größe und die Lage des ersten Fensters genau übertragen. An das abgezeichnete Fenster anschließend zeichnen Sie jetzt das zweite Fenster ein. Es soll direkt anschließen, so daß beim Ausschneiden ein neues, größeres Fenster entsteht. Nach dem Ausschneiden übertragen Sie das neue (größere) Fenster wieder auf das nächste Blatt. Diesen Vorgang wiederholen Sie, bis Sie beim letzten Blatt angelangt sind.
Auf dem letzten Blatt zeichnen Sie die Umrisse sämtlicher Fenster mit dünnen Strichen ein. Das gelingt am leichtesten, indem Sie wieder beim ersten Fenster anfangen. Sie zeichnen die Umrisse des ersten Fensters auf das letzte Blatt durch, blättern um, zeichnen die Umrisse des zweiten Fensters durch, blättern um, usw.
Es entsteht ein puzzleartiges Muster. Blättern Sie das

Album von vorne nach hinten durch, so wird das Fenster in der Mitte mit jedem Blatt größer. Jedes neue Blatt und der jeweils freie Platz im Fenster ist die Fläche für einen Ihrer Gäste. In den Platz im Fenster könnte er seinen Namen schreiben oder eine Kleinigkeit zeichnen. Der Platz auf dem Blatt (also um das Fenster herum) bleibt für weitere Zeichnun-

gen oder Glückwünsche oder Gedichte etc.
Sie beginnen das Feten-Loch-Buch, indem Sie selbst das erste Fenster gestalten, also etwas hineinzeichnen, Ihre Unterschrift setzen, das Motto der Fete eintragen oder ähnliches. Der erste Gast hat es dann leichter, weil er nicht den ersten Schritt setzen muß. Er kann sich bereits an ihre Fenstergestaltung anschließen.Die Anzahl der Seiten entspricht der Anzahl der Gäste oder der Gästepaare.

Aktion

Sie laden Ihre Gäste einzeln und persönlich ein, eine Seite und den freien Teil im Fenster zu gestalten. Im Fenster dürfen Sie das bereits Gestaltete nicht verändern oder ergänzen. Sie dürfen aber „direkt

daran anschließen“ und dabei zum Beispiel eine Zeichnung so weiterführen, wie es ihren Vorstellungen und nicht den vermuteten oder beabsichtigten Vorstellungen ihrer Vorgänger entspricht. Für den Platz auf „ihrem“ Blatt gibt es keine Einschränkung.

Wenn Blätter unbenützt bleiben, könnten Sie diese zum Einkleben von Fotos verwenden.

Bemerkung

Statt eines gekauften Fotoalbums können Sie selbst ein Album aus Zeichen- oder Buntkarton herstellen. Die einzelnen Blätter verbinden Sie am Rücken mit dünnen Geschenkbändern.

Beginnen Sie mit der Aktion nicht erst im letzten Moment des Festes, sondern so früh, daß noch genug Zeit zur Aktion, aber auch zum neugierigen Stöbern in den schon gestalteten Seiten bleibt.

Material

Neues Fotoalbum mit Kartonblättern. Kein Selbstklebealbum!
Cutter
Schreibzeug

Das zusammengeflickte Riesenfoto

Fotoalbum mit Riesenloch

Auf Feten und Festen wird oft fotografiert, aber erst viel später kann man sich über die gelungenen Aufnahmen freuen. Mit mitgebrachten Fotos und einem entsprechend vorbereiteten Fotoalbum entsteht bereits während des Festes eine bildhafte und lustige Erinnerung, die sich sehen lassen kann. - Auch wenn es ein „zusammengeflicktes Riesenfoto“ geworden ist. Alle Gäste, die ein Foto von sich mitgebracht haben, können sich daran beteiligen.

Vorbereitung

In ein neues Fotoalbum schneiden Sie in jedes Blatt ein Fenster. Das Schema für die Fenster finden Sie beim „Feten-Loch-Buch“ (Siehe Seite 57). Die Fenster können allerdings etwas größer sein, bis 5 x 8 cm. Das Grundblatt (letztes Blatt) erhält wie beim „Feten-Loch-Buch“ das mit Bleistift gezeichnete Muster aller Fenster. Für jeweils zwei Gäste sollten Sie ein Blatt vorsehen.

Wenn Sie in derselben Technik ein bewegteres Muster der Bilder erhalten wollen, dann ordnen Sie die Fenster in der Form einer Spirale an!

Bei der Einladung der Gäste bitten Sie diese, ein Foto von sich selbst mitzubringen. Es kann ein Bild aus früheren Jahren sein oder ein ganz aktuelles. Wichtig: Das Foto bekommen sie nicht mehr zurück!

Aktion

„Liebe Geburtstagsgäste! Heute ist mein Geburtstag und ich freue mich, daß Ihr zu meinem Fest gekommen seid. Ich habe einen Wunsch an Euch alle. Ich will ein riesiges Foto von allen, die heute da sind. Aber ich will ein ganz besonderes Foto, auf dem man jeweils die beiden von Euch zusammen sieht, die als nächste Geburtstag feiern. Also wer hat als nächster Geburtstag? Und wer ist dann der oder die Nächste? Das werden die „Geburtstagspaare“.
Ihr habt ja jeder ein Foto von Euch selbst mitgebracht. Das braucht Ihr jetzt. Wer kein Foto da hat,

Material

mitgebrachte Fotos
neues Fotoalbum mit einfachen Kartonblättern (kein Selbstklebealbum), mit vorbereiteten Fenstern
Schere oder Cutter
Klebstoff
Schreibzeug

der zeichnet sich eben selbst.Für die Bilder habe ich ein spezielles Album vorbereitet. Darin kann jedes Paar in das Fenster eines Blattes einen Bildausschnitt ihrer beiden Fotos einkleben! Das übrige Blatt steht für ergänzende Skizzen und Bemerkungen, Unterschriften, Gedichte oder den übrigen Teil der Fotos zur Verfügung. Auf dem letzten Blatt aber entsteht das große „zusammengeflickte Riesenfoto“.

Es wird eine Fotocollage, „die Menschen verbindet und Jahrzehnte überschreitet!“

Bemerkung

Durch die Bildung der „Geburtstagspaare“ kommt Schwung und Spannung in die Aktion, weil wahrscheinlich jeder einen anderen Partner erhält, als der, mit dem er zur Fete gekommen ist. Die Paare haben eine gemeinsame Aufgabe. Zu zweit ist es leichter und oft noch anregender, seinen Beitrag für das Geschenk zu leisten.

Fähnchen aus Geschenkpapier

Nehmen wir einmal an, Sie möchten ein Fest machen, das in einem Garten oder einem ganzen Haus stattfindet. Voraussichtlich werden viele Geschenke mitgebracht. Gewöhnlich sind die meisten von ihnen in Geschenkpapier eingewickelt. Weil es ein großes Fest ist, sind den Gastgebern zuwenig Zeit und Ideen für eine lustige Dekoration übriggeblieben. Sowohl bei den Vorbereitungen als auch beim Fest sind einige Kinder dabei.
Aus diesen „Ingredienzen" läßt sich vortrefflich eine kleine, aber feine Aktion machen. Aus dem Geschenkpapier, inzwischen seiner ursprünglichen dekorativen Funktion beraubt - die Geschenke sind schon ausgepackt! - wird eine neue und kreative Dekoration des Gartens: Papierfähnchen.

Vorbereitung

Gemeinsam mit einigen Kindern spannen Sie zwischen Bäumen, Stangen, Sträuchern, Zäunen und Mauerhaken Schnüre. Auf diese Schnüre werden später viele verschiedene Papierfähnchen gehängt.

Möglicherweise haben Sie noch Geschenkpapier von vergangenen Festen aufgehoben. Aus diesem Papier können Sie die ersten Fähnchen schneiden.
Die Fähnchen können durchaus unterschiedliche Formen haben, dreieckig, quadratisch, rechteckig, geschwungen, mit zwei Spitzen, lang und schlank oder eine andere Form. Lassen Sie Ihrer oder der Gestaltungslust der Kinder freien Lauf. Die besondere Wirkung wird mehr von der Menge der Fähnchen geprägt als von der Form eines einzelnen Fähnchens.

Aktion

Wenn die Gäste kommen und Ihnen Ihr Geschenk überreichen, werden die Geschenke sofort aus dem Papier gewickelt. Die Kinder warten schon mit Scheren und Klebstreifen auf ihre „wichtige Rolle“ und zerschneiden das Papier in viele, kleine Fähnchen, die sie auch sofort auf den vorbereiteten Schnüren mit einem Stückchen Klebeband aufhängen.

Bemerkung

Je bunter die Papiere, um so dekorativer sind die Fähnchengirlanden. Je mehr Gäste zum Fest gekommen sind, um so weiter wachsen die Fähnchen auf den Girlanden.

Material

eine Rolle dünne Schnur
Schere
Klebeband
evtl. altes Geschenkpapier oder andere bunte Papiere

Gäste-Bingo

„Ich würde mich ja so gerne in Dein Gästebuch eintragen, wenn mir nur irgend etwas einfallen würde!“
Wenn Sie diesen Satz von Ihren Gästen schon öfter gehört haben, so sind Ihnen sicherlich alle Ideen willkommen, die den Gästen ihre „Pflicht“ angenehmer und leichter machen können. In pfiffiger Weise greifen Sie auf die Bingo-Idee zurück und bereiten die Eintragungen für die Gäste vor. Das gibt noch etlichen Gesprächsstoff ab! Auch als Gast können Sie damit anderen den Festausklang verschönern und diese vorbereiteten Sätze mitbringen.

Gäste-Bingo eignet sich auch besonders gut für kleinere Feste mit nicht allzu vielen Personen.

Vorbereitung

Sie überlegen sich einige Sätze oder Fragen an die Gäste. Dabei können Sie lustige oder persönlich gemeinte Themen und Formulierungen verwenden:

Liebst Du Elton John?
Kannst Du Ski fahren?
Warst Du schon einmal in Lebensgefahr?
Welchen Beruf würdest Du gerne noch lernen?
Welche war Deine schwerste Prüfung?
Faszinieren Dich schwarzhaarige Männer?
Welchen Hit möchtest Du gerne komponiert haben?
In welchen Film würdest Du als Figur passen?
Hast Du genug Urlaub?

Jede Frage schreiben Sie an den Beginn einer waagrechten Zeile. In die senkrechten Spalten schreiben Sie die Namen der Gäste. Aus Zeilen und Spalten entsteht ein Gitter aus vielen kleinen Feldern. Das gesamte Gitter mit den Fragen und Namen schreiben Sie in Ihr Gästebuch. Vielleicht wollen Sie aber auch mehr als auf einer Doppelseite Platz finden würde. Dann zeichnen Sie den ganzen Bingo auf einen größeren Dekorationskarton. Die letzten Zeilen können Sie frei lassen. Manche Gäste haben sicher noch andere Fragen, die dazu passen würden.

Aktion

„Ich weiß, wie schwer sich viele von Euch tun, sich in mein Gästebuch einzuschreiben. Aber mir gefällt mein Gästebuch und deshalb möchte ich Euch diese Sache ein wenig erleichtern. Ich habe eine ganze Seite vorbereitet und auch Euren Namen schon dazugeschrieben.

Ich bitte Euch, ein Zeichen in die Felder einzutragen, die auf Euch zutreffen. Ihr könnt natürlich auch ein kurzes Wort dazuschreiben, aber für mehr wird nicht Platz sein. Am Schluß sind noch einige Zeilen frei. Wer eine Idee hat, kann noch einen Satz bzw. eine Frage hinzufügen.

Bemerkung

Diese Aktion geht auch gänzlich ohne Vorbereitung. Gemeinsam mit der Gästerunde suchen Sie spontan die einzelnen Sätze für den Bingo.

Material

Gästebuchdoppelseite
oder Dekorationskarton
Schreibzeug

Am Wort ist das Buffet

„Das Buffet ist eröffnet!“

Ist dieser Satz nicht viel zu schwach und schon fast unwürdig für die Herrlichkeit der vielen Köstlichkeiten, die den Gästen entgegenstrahlen, mit den

dunkel glitzernden Oliven, den tiefroten Roastbeefscheiben, dem taufrischen Salatblatt, den knusperbraunen Brötchen und Weckerln und dem kleinen Gorgonzolabutterberg.

Aber auch hinter einem einfachen Buffet steckt eine liebevolle Zubereitung, die gewürdigt werden möchte. Garnieren Sie Ihr Buffet mit einer lustigen Begrüßung aus dem Cassettenrecorder. Gleichzeitig erlösen Sie die Gäste von der Ungewissheit, woraus die einzelnen Speisen im wesentlichen bestehen.

Vorbereitung

Nach der Zubereitung der Speisen oder auch erst nach der Aufstellung aller Schüsseln und Platten auf dem Buffet nehmen Sie einen Cassettenrecorder mit Mikrophon und einer unbespielten Cassette zur Hand und setzen sich genüßlich vor die Ergebnisse Ihrer bisherigen Arbeit. Stellen Sie sich jetzt vor, es ist Mitternacht und die Geisterstunde beginnt. In der Geisterstunde um Mitternacht können ja alle sonst sprachlosen Dinge eine Stunde lang sprechen...

Leihen Sie jeder einzelnen Speise Ihre Stimme! Als Speise sprechen Sie in der Ich-Form über sich selbst, wie Sie heißen, woraus Sie zubereitet sind usw. Als Speise können Sie auch erzählen, was Sie von Ihrem Buffetnachbarn halten. Sehr anregend für die Zuhörer ist es auch, wenn sie darüber erzählen, welche Zusammenhänge und Ähnlichkeiten zwischen Ihnen als Speise und dem Gastgeber bestehen. Beispielsweise könnte der Schafkäse genau aus dem Land kommen, in das der Gastgeber letztes Jahr in Urlaub gefahren war.

Lassen Sie jede Speise mit einigen Sätzen zu Wort kommen. Sie können diese „Selbstgespräche“ noch etwas stärker dramatisieren, indem Sie die Aufnahme zu zweit machen. Ihr Partner kann auch ein Kind sein. Es können kleine Dialoge entstehen, oder eine Speise kann an eine andere Speise eine Frage stellen, die dann von der anderen Person beantwortet wird.

Aktion

Alle Gäste stehen beim Buffet, so daß sie die Speisen sehen können. Für erhöhte Dramatik schalten Sie das Licht aus und lassen nur eine große Kerze brennen. Sie spielen Ihre vorbereitete Aufnahme gut hörbar vor. Wenn Sie den Eindruck haben, daß es einigen Gästen unklar ist, „welche Speise eben am Wort ist", zeigen Sie ihnen die entsprechende Platte oder Schüssel.

Material

Cassettenrecorder mit Mikrophon
Leercassette

Wo kommen denn Sie her?

Wer sich unter vielen fremden Menschen befindet, sucht anfangs oft vertraute Personen, vor allem Freunde und Bekannte. Viele von uns suchen nach Anknüpfungspunkten für Gespräche. Bei größeren Festen sind viele Gäste einander unbekannt. Als aufmerksamer Gastgeber machen Sie mit zwei Landkarten und einigen Stecknadeln eine Aktion, die anderen den Gesprächsbeginn erleichtert.

Vorbereitung

Die Straßenkarte Ihrer Stadt und die Karte von Europa befestigen Sie auf einer Unterlage, in die man leicht Nadeln stecken kann. Dazu eignen sich ein Karton, ein etwas dickerer Stoff oder ein kleiner Wandteppich besonders gut. Die Karten hängen Sie mit der Unterlage an eine Wand oder an eine Tür. Aus den Stecknadeln und dem Abdeckklebeband machen Sie für jeden Gast zwei kleine Fähnchen, eventuell in unterschiedlichen Farben. Die Namen können Sie bereits auf die Fähnchen schreiben. Die Gäste könnten das aber auch jeder für sich selbst machen.
Die Fähnchen und das Schreibzeug legen Sie bei den Landkarten bereit. Ein günstiger Platz für die gesamte Aktion ist eher in der Nähe des Eingangs und jedenfalls dort, wo man immer wieder vorbeikommt.

Aktion

In der Eingangsphase des Festes, vielleicht sogar schon nach der persönlichen Begrüßung oder als „Überbrückung" einer flauen Phase, weil noch „auf irgend etwas gewartet werden muß", laden Sie jeden einzeln ein, sein Fähnchen dorthin zu stecken, von wo er hergekommen ist bzw.wo er zu Hause ist. Sein zweites Fähnchen setzt jeder dorthin, wo er geboren wurde oder woher seine Familie stammte. Dazu verwenden Sie die Europakarte!

Bemerkung

Diese Aktion eignet sich gut für viele Gäste, ist aber auch ein interessantes Erlebnis im kleineren Kreis. Die Gespräche drehen sich dann wahrscheinlich mehr um das Thema der zweiten Fähnchen oder über Reisen, Urlaub und andere vergnügliche Fahrten.

Material

Straßenkarte ihres Ortes
Europakarte oder Landkarten mehrerer Länder
Karton oder Teppich als Unterlage
Stecknadeln
Schreibzeug
Abdeckklebeband, evtl.zwei Farben

Beef Stroganoff und Bettina-Nüsse

Die moderne Küche lebt nicht nur vom Geschmack der Speisen und von ihrer oft fast künstlerischen Dekoration am Teller, sondern auch von ihren phantasievollen Bezeichnungen.

Mit dieser kurzen Aktion zu Beginn eines Essens betonen Sie das Erlebnis der Gemeinsamkeit mit Freunden. Gemeinsames Essen und Trinken sind sehr ursprüngliche und intensive Gemeinschaftserfahrungen. Auch unter Freunden kann „die Liebe durch den Magen gehen".

Wer gibt also welcher Speise am kalten Buffett seinen Namen? Wer paßt zu welcher Köstlichkeit, weil er mit ihr eine Gemeinsamkeit hat? Fünf phantasievolle Minuten bei der Eröffnung des kalten Buffetts.

Vorbereitung

Es sind keine speziellen Vorbereitungen notwendig.

Aktion

Alle stehen um das Buffett herum. Jeder hält einen Teil des Buffetts in der Hand, eine Platte mit Käse, eine Schüssel Salat, eine Flasche Wein, eine Zitronenscheibe, die auf einem Aufstrich gelegen hatte, usw. Dieses Stück hat er sich idealerweise selbst ausgesucht, weil jeder damit am ehesten das „bekommt", was am besten zu seiner Person paßt. Dieser Zusammenhang zwischen dem „Stück vom Buffett" und der Person, die es in Händen hält, ist nämlich für den weiteren Verlauf wichtig.

Es ist aber auch möglich, daß die Speisen auf dem Tisch stehen bleiben und sich jeder nur seinen „Teil vom Buffett" aussucht, ohne ihn in die Hand zu nehmen.

Dann beginnen Sie, Ihr „Stück vom Buffett“ mit einigen Worten den anderen Gästen zu präsentieren: „Das sind also die berühmten Michael-Zwiebeln. Sie tragen den Namen Michael-Zwiebeln, weil sie wie ich, also wie Michael sind. Ein wenig von ihnen genügt schon, und sie machen einen leeren Salat würzig!“

Der neben Ihnen stehende Gast setzt fort: „Und ich habe hier eine Bettina-Nuß. Die Bettina-Nuß heißt deshalb so, weil sie dieselbe Farbe hat wie ich, also Bettina, im Sommer, wenn ich in Tunesien in der Sonne liege.“

Material

Bei dieser Aktion wird nur gesprochen.

Kerzenständer – lang wie das Leben

Aufgereiht wie Orgelpfeifen stehen 30 schlichte Kerzenständer mit ihren roten, blauen und gelben Kerzen auf dem Tisch. An den Kerzenständern sieht man aufgemalte Zeichen und Buchstaben und bei einigen sogar mehrere Worte. Heute vormittag standen die Kerzenständer noch als Kantholz im Baumarkt. Inzwischen sind die langen Stangen aber in viele, kürzere Stücke zersägt, von Gästen beschrieben und mit einer Kerze beklebt worden. Nun werden die Kerzen entzündet.

Vorbereitung

Bei der Einladung der Gäste zum Fest fragen Sie jeden nach seinem Alter oder seinem Geburtstag und notieren sich alle Daten. Aus den gehobelten Holzleisten sägen Sie soviele Stücke, wie Gäste kommen werden. Das kürzeste Stück ist 5 cm lang, alle anderen um jeweils 1 cm länger. Wenn Sie alle Holzstücke nebeneinander aufstellen, sehen sie wie Orgelpfeifen aus.

Sie legen eine Liste mit den Namen und dem Alter an, so daß Sie genau sehen können, wer der jüngste Gast sein wird, wer der zweitjüngste usw. Für den Jüngsten bereiten Sie das kürzeste Stück vor, für den Ältesten das längste Stück. Die Initialen der Person schreiben Sie als kleines Zeichen auf eine der Schnittflächen der Holzstücke.

Jeder Gast wird seinen Kerzenständer mit einem Filzstift verzieren oder seinen Namen darauf schreiben. Einen Kerzenständer bringen Sie fertig gestaltet als Modell mit. Dafür verwenden Sie das Holzstück, das Sie für das Festtagskind vorgesehen haben. Er ist auch ein persönliches Geschenk von Ihnen.

Aktion

In einer eher ruhigen, stimmungsvollen Phase des Festes erhält jeder Gast den für ihn vorbereiteten Kerzenständer. Für alle liegen etliche Filzstifte und Kugelschreiber bereit. Jeder beschreibt oder gestaltet sein Holzstück, seinen Kerzenständer. Manche schreiben Ihre Initialen in Großbuchstaben, andere einen Satz oder Glückwunsch, wieder andere schreiben nichts, sondern zeichnen. Ist der Kerzenständer fertig gestaltet, wird darauf mit heißem Wachs eine Kerze befestigt.

Ungeordnet stehen die fertigen Kerzenständer dicht beieinander. Der Gefeierte nimmt einzeln jedes Stück, will vielleicht erraten, von wem es gestaltet wurde, und bildet mit ihnen eine „aufsteigende" Reihe. Dieses „Reihe bilden" wird wahrscheinlich interessanter oder auch lustiger sein, als es zu erwarten ist, weil die genaue Einordnung aller Gäste nach ihrem Alter sicher manche Überraschungen bringen wird. So deutlich hat man es schließlich nicht jeden Tag vor sich!

Zu guter Letzt strahlen Kerzen und Gesichter...

Bemerkung

Wenn Ihnen die Phase des Erratens und Einordnens durch das Geburtstagskind unpassend erscheint, können die Gäste selbst die Kerzen in der endgültigen Form aufstellen.

Material

Heimwerkersäge
Gehobelte Kanthölzer, ca.5 x 5 cm stark
Filzstifte, Kugelschreiber
Kerzen

Die Schatten der Schlacht am kalten Buffett

Wo Licht ist, ist auch Schatten. Wo ein kaltes Buffett ist, sind auch hungrige Gäste. Die Schlacht am kalten Buffett wirft ihre Schatten. Die Schatten der hungrigen Personen, die sich plaudernd ihren Teller füllen, kann man sehen, vorausgesetzt, man sitzt richtig, und das kalte Buffett steht nicht dort, wo man es erwarten würde.

Vorbereitung

Bei der Planung Ihres Festes berücksichtigen Sie diese Punkte:
Die Tische mit den Speisen für das Buffett und die Getränke stellen Sie nicht an eine Wand sondern etwas mehr in den Raum hinein. Mit einem hellen oder weißen Vorhang trennen Sie den Raum in den Teil, wo sich die Gäste am Buffett bedienen, und in den Teil, wo sie die Köstlichkeiten verzehren. Dieser Vorhang wird zu einer improvisierten Leinwand, auf die von hinten Schatten geworfen werden. Dafür stellen Sie ein bis zwei Lampen so auf, daß der Schatten eines Gastes, der sich am Buffet bedient, auf die Stoffwand fällt. Dieser Teil des Raumes sollte sonst eher schwach („stimmungsvoll") beleuchtet sein. So werden die Schatten deutlicher. Jeder Gast, der sich am Buffett Salat nimmt, rasch eine Olive in den Mund steckt, einem anderen ein Glas Wein einschenkt und mit ihm anstößt, wird zum Akteur in einem kleinen Schattenspiel für die anderen Gäste.

Aktion

Die Aktion läuft von selbst in dem Moment, in dem die ersten Gäste sich am Buffett bedienen. Bestimmte Spielregeln oder Tips sind nicht notwendig.

Bemerkung

Bei geringem Platz kann das Schattenspiel auch in einer offenen Tür stattfinden, die mit Stoff oder Papier verhängt wurde.

Material

„Stoffwand“ aus einem oder mehreren großen Leintüchern oder aus Vorhängen (keine durchsichtigen Vorhänge) oder aus weißen, zusammengeklebten Packpapierbögen.

Schnur oder Klebestreifen zum Aufhängen der Stoffwand

Lichtquelle

Glitzernde Glücksbringer

Wenn wir alle Indianer wären oder Angehörige eines australischen Eingeborenenstammes oder wenn wir zwar genau am selben Ort, aber rund 3.000 Jahre früher leben würden, dann hätte wahrscheinlich jeder von uns ein Amulett um den Hals hängen oder einige andere symbolträchtige Kleinigkeiten in seiner Hütte liegen. Von ihrer magischen Wirkung wären die meisten überzeugt.

Wer einen Glücksbringer schenkt, möchte damit allgemein dem anderen Glück wünschen und schenken. Aus glitzernden Silberfolien entstehen in Minutenschnelle persönliche Glücksbringer.

Vorbereitung

Vereinbaren Sie mit dem „Festtagskind", daß Sie mit den Gästen eine kleine Aktion machen wollen. Dabei soll er einige Minuten lang über sich selbst erzählen. Er kann erzählen, was er schon alles erlebt hat, welche Aufgaben und Schwierigkeiten er in nächster Zeit vor sich sieht, in welchen Bereichen er sich noch weiterentwickeln möchte, wo er mit sich selbst etwas unzufrieden ist usw.

Für jeden Gast legen Sie ein Stück Alufolie bereit, eventuell auch Wollknäuel und Papierkärtchen. Sonst sind keine speziellen Vorbereitungen notwendig.

Aktion

„Ich habe unseren Ehrengast gebeten, ein wenig aus seinem Leben zu erzählen. Was ihn bewegt, was er anders haben möchte in seinem Leben, wie er sich seine Zukunft vorstellt, welche Aufgaben er in nächster Zeit auf sich zukommen sieht, welche Unannehmlichkeiten ihm das Leben versauern usw.

Und während er uns das alles erzählen wird, werden wir Zuhörer für ihn kleine, ganz besondere und einzigartige Glücksbringer aus dieser Silberfolie formen. Das geht total einfach! Ihr braucht ihm nur einfach zuzuhören. Irgendwann kommt Euch dann eine Idee, - ich weiß das ganz sicher aus eigener Erfahrung -, wie der Glücksbringer aussehen soll. Nach dieser Idee formt Ihr sofort Eure Folie. Sie läßt sich sehr einfach in jede gewünschte Form bringen. Wer möchte, macht aus dem Glücksbringer einen Glücksanhänger. Dazu habe ich hier diese wunderschönen Wollfäden. Zum Schluß überreicht jeder sein Maskottchen und erzählt ihm, für welche besondere Situation er es geschaffen hat."

Bemerkung

Diese gemeinsame Aktion eignet sich besonders gut als Ergänzung oder „Untermalung" der Minuten am Fest, wenn die im Mittelpunkt stehende Person über sich selbst spricht.
Wichtig ist, daß die Akteure (Gäste) durch die Folien in ihren Händen angeregt werden, ihre Ideen sofort umzusetzen. So kann die Folie ganz rasch die Gestalt der Idee annehmen.

Für eine „würdige Ausstellung“ aller Glücksbringer kann ein kleines Tischchen vorbereitet werden. Zu jedem Stück käme dann noch ein kleines Ausstellungs-Kärtchen mit der Bedeutung des Glücksbringers.

Material

Rolle Alufolie (aus der Küche)
ein Knäuel schöner Wolle
Papierkärtchen

Inhaltsverzeichnis nach Charakteristik

1. Diese Geschenke und Ideen können auch teuer werden

2. Gut aber billig

3. Geschenke mit etwas Video & Co.

4. Papier mit aufregenden Seiten

5. Auch als Soloaktionen

6. Alle könnten mitmachen

7. Gut zu Abschlußfeten

8. Ideen auch für Gastgeber

9. Wenig Vorbereitung nötig

10. Aktionen mit Ergebnissen fürs GästeBuch

11. Das könnten auch Kinder inszenieren